Ratgeber

Dipl.-Biol. Stefan Lamm

Mein Weg zum eigenen Herbarium

Ein Leitfaden für die Schule

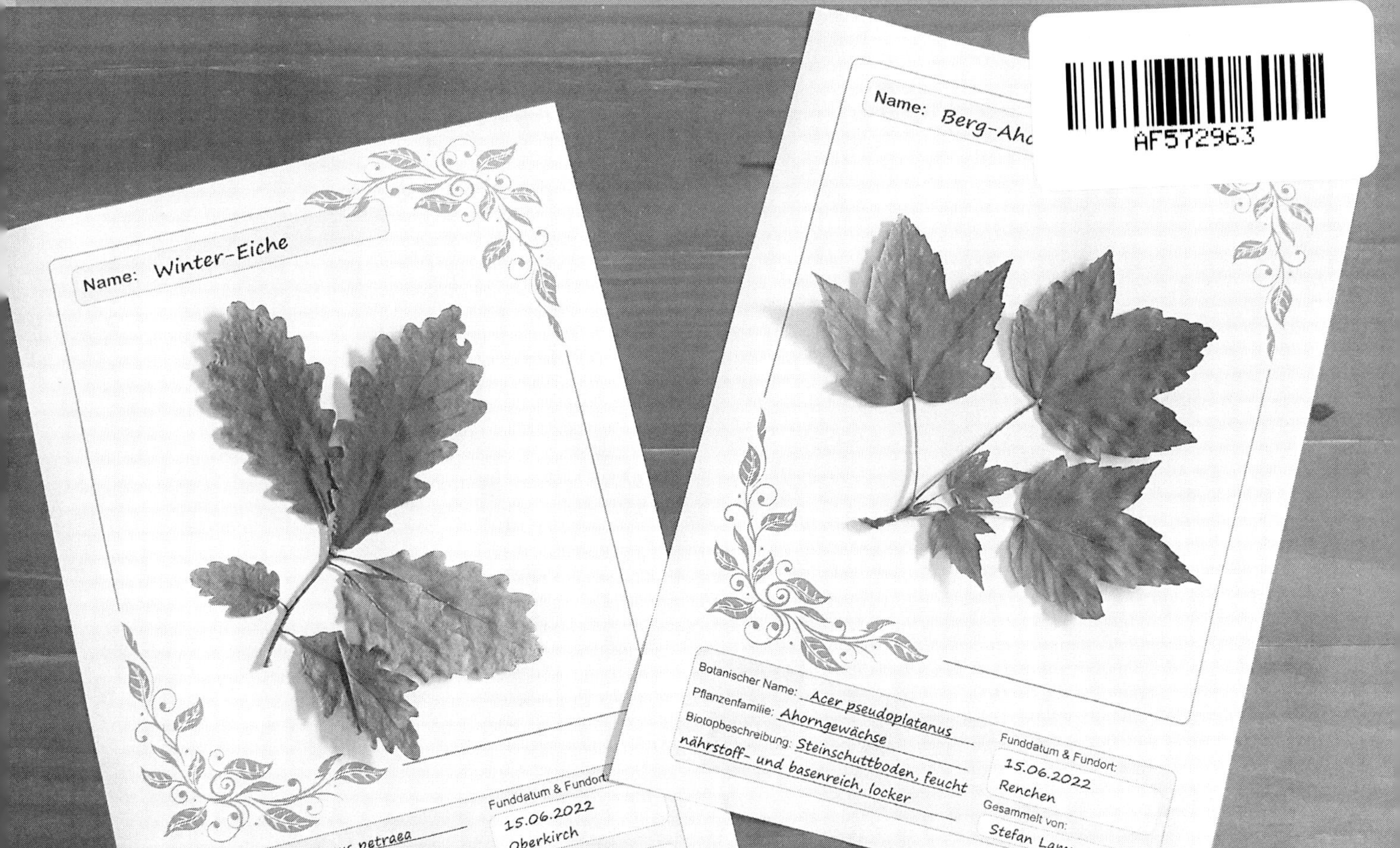

Mit Herbarbogen, Anleitungen u.v.m.

www.kohlverlag.de

Mein Weg zum eigenen Herbarium

Ein Leitfaden für die Schule

1. Auflage 2022

Inhalt: Dipl.-Biol. Stefan Lamm
Umschlagbild: © Dipl.-Biol. Stefan Lamm
Redaktion: Kohl-Verlag
Grafik & Satz: Tatjana Wörner & Kohl-Verlag
Druck: farbo prepress GmbH, Köln

Bestell-Nr. 12 925

ISBN: 978-3-98558-321-8

Bildquellen - © wikipedia.com: **S. 7:** William Buck, Patricia Holmgren, **S. 12:** Marco Schmidt

Bildquellen - © AdobeStock.com:
S. 3-14: ZinetroN; **S. 3:** kulikovan; **S. 4:** Juulijs; **S. 5, 6, 8, 11:** Kara-Kotsya; **S. 5:** Chudakov; **S. 6:** venimo; **S. 7:** sonyachny; **S. 8:** boonchok; **S. 9:** rdnzl; **S. 10+11:** Denis Dryashkin, Andrey Solovev, Sergii Moscaliuk, Zerbor, rdnzl, vectorpouch, Francesco Milanese, zenina; **S. 13:** svrid79, christine krahl, ONYXprj, Topuria Design; **S. 14:** gallinago_media, Tomasz (2x), Alexey Protasov; **S. 15:** FederiqoEnd, vectorpouch, Francesco Milanese, zenina; **S. 16:** FederiqoEnd, christine krahl, Coffeechocolates; **S. 17:** elinka_art, FourLeafLover; **S. 18:** katrinshine, KeepMakingArt; **S. 19:** christine krahl; **S. 20:** christine krahl, svrid79, ONYXprj

Inhalt

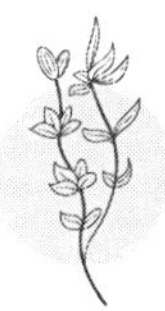

Vorwort

Ein Herbarium bietet die Möglichkeit, sich intensiv mit Biologie bzw. Botanik zu beschäftigen, sich kreativ auszuleben und vor allem, sich selbst ein bleibendes Kleinod zu schaffen. Darüberhinaus hilft es, die heimische Flora besser kennenzulernen. Der Aufwand lohnt sich!

Dieser Leitfaden bietet Ihnen einen schnellen Überblick über die notwendigen Infos/Anleitungen, sowie einen Blanko-Herbarbogen, ein Deckblatt u. v. m.

Wir wünschen Ihnen viel Erfolg bei der nächsten botanischen Exkursion. Das Team des Kohl-Verlags und

Stefan Lamm

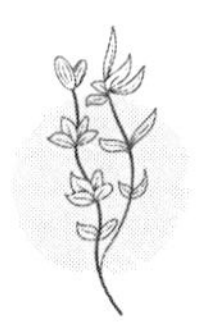

I. Was ist ein Herbarium?

Als **Herbarium** bezeichnet man eine Sammlung von gepressten und getrockneten Pflanzen, die zu einer losen Sammlung zusammengetragen wurden. Die Pflanzen oder Pflanzenteile werden dabei auf Papier fixiert und etikettiert. Das Wort Herbarium, oder kurz Herbar genannt, kommt vom lateinischen Ausdruck *herba* = Kraut. Man kann in wissenschaftliche und private Herbarien unterscheiden. Wissenschaftliche Exemplare dienen etwa der (Erst-)Beschreibung von Pflanzen oder sie dienen als Vergleichsmaterial zur Erstellung eines Bestimmungsschlüssels.

Der schwedische Naturwissenschaftler und Botaniker Carl von Linné (1707–1778) hat bereits im Jahr 1753 ein Werk veröffentlicht, das den Namen „*Species plantarum*" trug und aus heutiger Sicht den Beginn der modernen Pflanzensystematik darstellt. Linné prägte in diesem mittlerweile über 260 Jahre alten Buch bereits den Begriff „Herbarium". Das grundlegend Neue in Linnés Werk war der Ansatz, Herbarien eben als lose Sammlung zu betrachten. Dies brachte den Vorteil, dass zeitlebens weitere, neu aufgenommene Pflanzen an die passenden Stellen in der bisherigen Sammlung einfach eingelegt werden konnten.

Carl von Linné (1707–1778)

Wissenschaftliche Herbarien können riesige Ausmaße annehmen. So wird bspw. im englischen Kew ein Herbarium aufbewahrt, das mit über 6 Mio. Pflanzen zu den größten Sammlungen weltweit gehört. Viele wissenschaftliche Herbarien sind aus ursprünglich privaten Sammlungen entstanden oder wurden im Laufe der Jahre durch private Sammlungen ergänzt. Voraussetzung hierfür ist es allerdings, dass auch private Herbarien mit großer Sorgfalt angelegt wurden.

Es gibt Herbarien, die sich auf eine bestimmte Region beschränken, also die jeweils heimische Flora wiederspiegeln oder Herbarien, die sich einzelnen Pflanzenfamilien verschrieben haben. In solche Sammlungen kommen nur Exemplare der jeweiligen Pflanzenfamilie.

II. Sammeln von Pflanzenteilen

1. Was darf gesammelt werden?

Wer nun Pflanzen oder Pflanzenteile für sein Herbarium sammeln möchte, muss ein paar grundlegende Dinge beachten. Generell gilt, dass die Pflanzen, die wir herbarisieren möchten – so nennt man den gesamten Vorgang vom Sammeln bis zur Präsentation im fertigen Herbarium – folgende Merkmale aufweisen sollten:

- gut entwickelt bzw. vollständig ausgewachsen;
- für den Fundort typischer Vertreter, kein „Sonderling";
- nicht von Insekten, Schnecken oder anderen Tieren angefressen;
- nach Möglichkeit mit Blüte oder Früchten

Optimal ist es, wenn das gesammelte Exemplar vollständig ist, d. h. dass auch die unterirdischen Pflanzenteile mitgesammelt werden sollten. Bei vielen Pflanzen stellen Knollen oder Wurzeln ein wichtiges Bestimmungsmerkmal dar. Somit sollten auch entsprechende Werkzeuge, wie Taschenmesser, (Baum-) Schere oder Pflanzenstecher zur Hand sein.

Bei jedem Feldgang sollte ein Bestimmungsbuch mitgenommen werden, wir wollen ja keine geschützten Pflanzen aus der Natur entnehmen.

Botaniker beim Feldgang mit Feldbuch

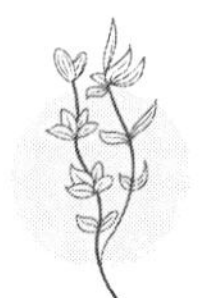

II. Sammeln von Pflanzenteilen

2. Wo darf ich sammeln?

Gesammelt werden darf überall, außer:

- in Naturschutzgebieten oder sonstigen, schützenswerten Biotopen;
- auf Privatgrundstücken, es sei denn, der Besitzer stimmt zu;
- auf Autobahnmittelstreifen oder anderen, lebensbedrohenden Standorten

Generell müssen die naturschutzrechtlichen Bestimmungen eingehalten werden!

3. Was darf ich nicht sammeln?

- geschützte Pflanzen (Im Zweifel daher immer erst bestimmen, dann pflücken!);
- gefährdete Arten (vgl. hierzu die Rote-Liste-Arten);
- Pflanzen, die am jeweiligen Standort nur in wenigen Exemplaren vorkommen, unabhängig von ihrer Gefährdung.

Somit soll verhindern werden, dass einzelne Pflanzenstandorte durch eine ungebändigte Sammelwut vernichtet werden.

Als Daumenregel sollte man sich merken:

Von 10 Exemplaren einer Pflanze am Fundort darf höchstens eines entfernt werden!

II. Sammeln von Pflanzenteilen

4. Wie transportiere ich meine gesammelten Pflanzen?

Natürlich wäre es am besten, wenn das gepflückte Exemplar unmittelbar nach dem Pflücken direkt in die Presse wandert. Das lässt sich aber bei der Feldarbeit nicht verwirklichen. Daher müssen wir die Pflanzen sorgfältig verpacken und transportieren.

Zu jedem Feldeinsatz sollten daher mehrere kleine Tüten, es empfehlen sich kleine Brotzeittüten, mitgenommen werden. In die Tüte kann dann das gesammelte Objekt vorsichtig eingelegt werden. Auf das Tütchen kann man dann den Fundort und den Zeitpunkt notieren. Dabei ist darauf zu achten, dass die Pflanzenteile nicht luftdicht verschlossen sind. Die einzelnen Tüten sollten am besten in einem Korb oder ähnlichem gesammelt werden, denn in einer Tasche können sich die einzelnen Exemplare gegenseitig zusammendrücken. Bei hohen Temperaturen ist es ratsam, feuchtes Krepppapier oder Zeitungspapier beizulegen, damit es nicht zu einer Austrocknung kommt. Pflanzen, die bereits erste Anzeichen des Welkens zeigen, eignen sich nicht mehr für ein Herbarium.

Wissenschaftliches Herbarium, New York

Mein Weg zum eigenen Herbarium
Ein Leitfaden für die Schule – Bestell-Nr. 12 925

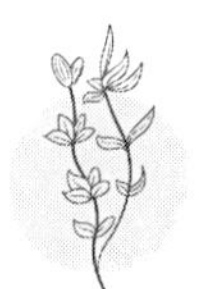

II. Sammeln von Pflanzenteilen

5. Was ist ein Feldbuch?

Beim Sammeln im Feld sollte man immer ein Notizbuch (auch Feldbuch genannt) dabeihaben, in das folgende Informationen notiert werden:

- Datum
- Name des Bestimmers
- Name der Pflanze (soweit bekannt)
- Deutscher Name (evtl. weitere regional gebräuchliche Namen)
- Ortsbeschreibung: Alle Angaben, die nötig sind, um den Standort wieder zu finden, also Orts-, Straßenbezeichnung, Wege, Entfernung zu markanten Punkten, (Wissenschaftler stellen auch die GPS-Koordinaten sicher).
- Biotopbeschreibung: Boden und Untergrund, Feuchtigkeitsverhältnisse, Licht, Pflanzen in der Umgebung, Temperatur usw.
- Beschreibung der Merkmale, die später im Herbarium nicht mehr sicher zu erkennen sind: Blüten-, Fruchtfarbe, Geruch, beobachtete Insekten, Wuchsform; bei Gehölzen Höhe, Wuchsform, Rinde.
- Sonstige Anmerkungen, also Informationen, die evtl. wichtig sein könnten.

Diese Informationen können dann auf dem späteren Herbarbogen eingetragen werden.

Ein Botaniker führt sein Feldbuch.

III. Trocknen und Pressen

1. Allgemeine Infos

Durch den Entzug des Wassers wird das Pflanzenmaterial haltbar gemacht. Dieses Prinzip nennt sich Trockenkonservierung. In der Praxis hat es sich bewährt die Pflanzenteile vor dem Pressen zwischen Zeitungspapier einzulegen. Das Pressen erfolgt dann zwischen zwei Lagen aus saugfähigem Papier, wie bspw. Küchenpapier und normalem Wellpappe-Karton in einer Pflanzenpresse.

Hierbei gilt: Je schneller das gesammelte Material in die Pflanzenpresse kommt und je schneller die Trocknung abgeschlossen wird, desto besser wird die Qualität in Bezug auf die Farb- und Strukturechtheit.

Erfolgt die Trocknung zu langsam, kann dies Schäden am Pflanzenmaterial nach sich ziehen. So können sich bspw. die Farbe der Blütenblätter ändern oder einzelne Teile können vom Rest abfallen.

Hinweis: Sollen im Herbarium auch Pflanzenteile von Nadelbäumen aufgenommen werden, dann sollten die Nadeln vor dem Trocknen möglichst mit Hilfe von klarem Nagellack/Schellack an den Ästchen festgeklebt werden, ansonsten lässt sich das Abfallen der Nadeln fast nicht vermeiden.

Im Laufe der Trocknung verändert sich das pflanzliche Material, wodurch sich die Form und Struktur der Pflanze verändert, d. h. Blattränder rollen sich auf, die ganze Pflanze „schrumpelt“.

Der Wellpappen-Karton kann dieser Formveränderung entgegenwirken. Durch die Luftröhren in der Wellpappe kann warme und trockene Raumluft strömen und so das austretende Wasser abführen. Daher sollte Wellpappe benutzt werden, die im Querschnitt aus Papier–Welle–Papier besteht (siehe Abbildung „Detailaufnahme“).

Wellpappe

Detailaufnahme

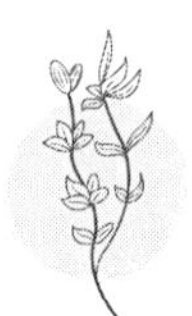

III. Trocknen und Pressen

2. Was muss ich beim Pressen beachten?

Das Pflanzenmaterial muss bereits beim Auflegen auf das Zeitungspapier so angeordnet werden, wie es später vorliegen soll. Ein nachträgliches Verändern nach der Trocknung ist nicht mehr möglich. Bei der Anordnung sollte auf eine natürliche Lage geachtet werden, dabei sollten Blätter oder Blütenköpfe möglichst sowohl von vorne, als auch von hinten gezeigt werden. Es sollten sich nicht zu viele Teile überlagern. Auch können bei manchen Blüten einzelne Teile entfernt werden, um bspw. die innen liegenden Staubblätter besser sichtbar zu machen. Generell sollten alle zur Bestimmung notwendigen Teile der Pflanze gesammelt und präsentiert werden.

Gerade diese Vorarbeit ist ausschlaggebend für die Qualität des späteren Herbariums. Daher lohnt es sich bei diesem Arbeitsschritt Zeit und Muse zu investieren. Es bietet sich an, auf dem jeweils umgebenden Zeitungspapier in irgendeiner Form zu notieren, welche Pflanze darin zu finden ist.

3. Bauanleitung für eine eigene Presse

Selbstverständlich gibt es im Handel auch entsprechende Pflanzenpressen käuflich zu erwerben. Vielleicht hat der Techniklehrer Spaß daran, eine große Presse für die Schule zu bauen? Vielleicht als AG? Meine recht einfache Presse lässt sich wie folgt in der heimischen Werkstatt schnell nachbauen.

Man braucht:

- 2 stabile Sperrholzplatten/OSB-Platten in geeigneter Größe;
- 4 Schlossschrauben (mindestens M8);
- 4 passenden Flügelmuttern und Unterlegscheiben;
- jede Menge Wellpappe und Zeitungspapier;
- *evtl. 2 (Dach-)Latten (etwa so lang, wie die Sperrholzplatten);*
- *evtl. 2 kleine Spanngurte (bspw. Koffergurte)*

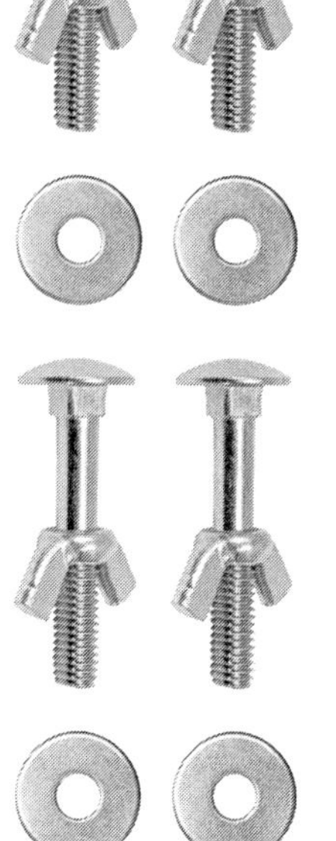

III. Trocknen und Pressen

3. Bauanleitung für eine eigene Presse

Und so geht's:

- Legen Sie die beiden deckungsgleichen Sperrholzplatten passend aufeinander und fixieren Sie diese für die Bohrung.
- Bohren Sie mit einem Holzbohrer in jeder Ecke der Platte ein Loch in passender Größe zur Schraube. Lösen Sie danach die Fixierung der Platten.
- Die Latten können Sie als Füße unter eine der beiden Platten schrauben. So lässt sich die Presse leichter transportieren und Spanngurte können leichter angelegt werden. (optional)
- Die Schrauben von unten durch die Löcher führen, von oben eine Unterlegscheibe einlegen und mit einer Flügelmutter fixieren.
- Zum Pressen benötigen Sie nun noch Wellpappe und Zeitungspapier.
- Mit den Spanngurten können Sie zusätzlichen Druck beim Pressen erzeugen. (optional)

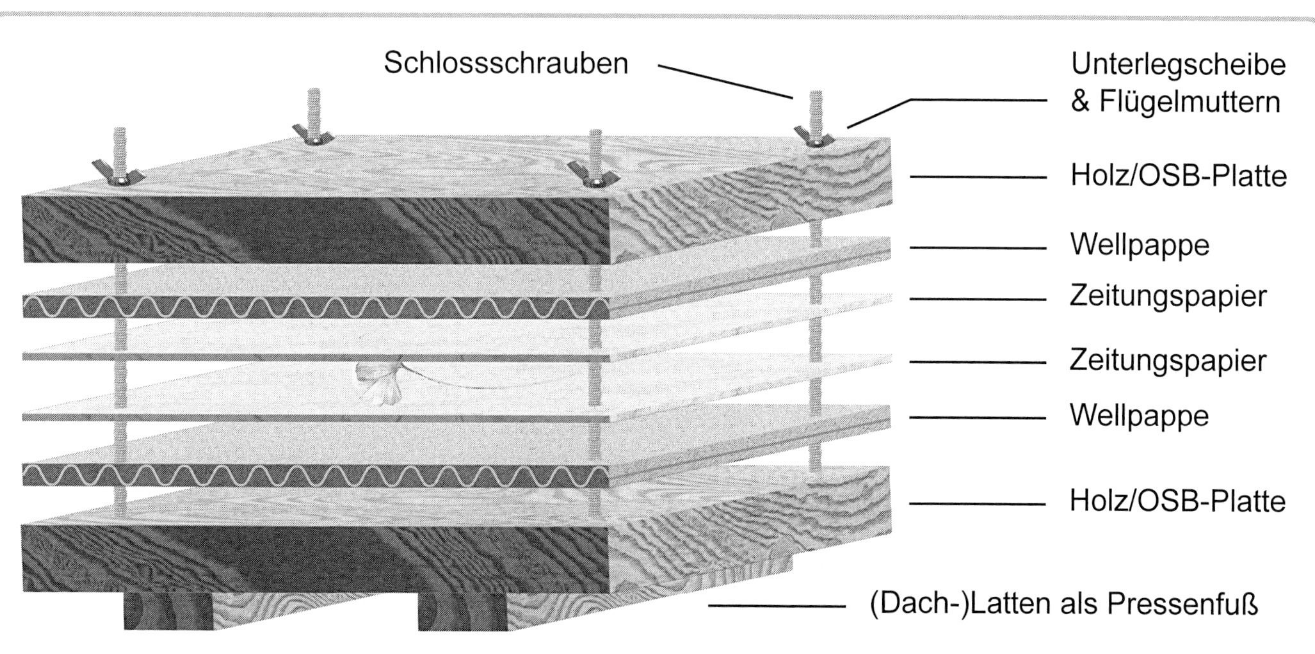

Schematischer Aufbau einer Pflanzenpresse

Mein Weg zum eigenen Herbarium
Ein Leitfaden für die Schule – Bestell-Nr. 12 925

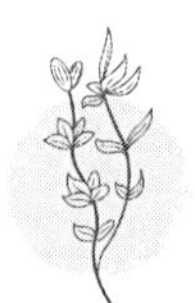

III. Trocknen und Pressen

4. Was ist beim Trocknen zu beachten?

Um die Farben und die Struktur der Pflanzen am besten zu erhalten, sollte eine Pflanze möglichst schnell getrocknet werden. Hierfür würde sich ein Trockenschrank ideal eignen, den haben aber natürlich nur professionelle Sammler.

Auch wenn die Pflanzenpresse an einem trockenen und gut durchlüfteten Raum aufgestellt wurde, muss mit ca. 3 bis 5 Tagen der Trocknung gerechnet werden. Die genaue Zeit hängt vom Pflanzenmaterial ab. Dickblättrige Pflanzen brauchen dementsprechend länger.

Dabei sollte das Zeitungspapier bzw. die Sauglage regelmäßig gewechselt werden.

Von künstlich erzeugter Hitze (Backofen, Fön) ist dringend abzuraten, denn hierdurch können unter anderem Verfärbungen im Material entstehen. Während des Trocknens kann regelmäßig der Spanngurt nachgezogen, weitere Gewichte oben aufgelegt und die Fixierung durch die Flügelschrauben verstärkt werden.

Beispiel für einen Trockenofen für Herbarbelege

IV. Montieren und Etikettieren

Die fertig gepressten Pflanzen werden auf einem sogenannten Herbarbogen aufgebracht (siehe KV Seite 19). Zum Befestigen können die Pflanzenteile mit gummierten Papierstreifen auf dem Bogen fixiert **(a)** oder auch – wenn es die Größe zulässt – in aufgeklebten Briefkuverts **(b)** aufbewahrt werden.

(a)

Botanischer Name: Aquilegia vulgaris
Pflanzenfamilie: Hahnenfußgewächse
Biotopbeschreibung: Saumbereich Wiese und Buchenwald, Wegrand
Funddatum & Fundort: 21.08.09, Renchen OT Ulm
Gesammelt von: Lara Lamm

(b)

Name: Gemeine Akelei

Botanischer Name: Aquilegia vulgaris
Pflanzenfamilie: Hahnenfußgewächse
Biotopbeschreibung: Saumbereich Wiese und Buchenwald, Wegrand
Funddatum & Fundort: 21.08.09, Renchen OT Ulm
Gesammelt von: Lara Lamm

Größere Pflanzenteile wie z. B. Äste können auch mit einem Bindfaden auf den Herbarbogen aufgenäht werden. Alle drei Methoden haben den Vorteil, dass man die Pflanzen immer noch bewegen und damit besser betrachten kann; außerdem können sie für spätere Analysen leicht wieder vom Bogen abmontiert werden. Generell ist es nicht ratsam, das Pflanzenmaterial großflächig mit einer Klebefolie zu fixieren. Dies mag zwar ein weiteres Zerfallen des Materials verhindern, aber es entzieht das Material auch der späteren Betrachtung/ Untersuchung. Zu guter Letzt muss der Herbarbogen noch beschriftet werden. Die fertigen Herbarbögen werden staubfrei und trocken, am besten in einem Schrank gestapelt, in Mappen aufbewahrt. Eventuell muss man mit Mottenpulver, Zedernholz o. ä. für die Dauerhaftigkeit des Herbariums sorgen. Zum Transport einzelner Bögen immer <u>Pappe</u> unterlegen, um die Bruchgefahr zu verringern!

Mein Weg zum eigenen Herbarium
Ein Leitfaden für die Schule – Bestell-Nr. 12 925

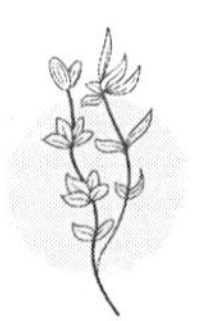

V. Aufbewahrung & Schutz vor Herbarschädlingen

Viele Herbarien werden durch Insektenfraß stark beschädigt oder gar zerstört. Besonders die weichen Pflanzenteile (Blüten, Blätter) haben es den Herbarschädlingen angetan. Zu diesen Tieren zählen neben Herbarkäfern (Gat. *Anthrenus* oder *Lasioderma*) auch Silberfischchen oder Schaben. Zum Schutz des Herbariums empfiehlt es sich daher, das fertige Herbarium in Folie einzuwickeln und im Gefrierschrank aufzubewahren.

Vier typische Herbarschädlinge:

Wollkrautblütenkäfer (*Anthrenus*)

Tabakkäfer (*Lasioderma*)

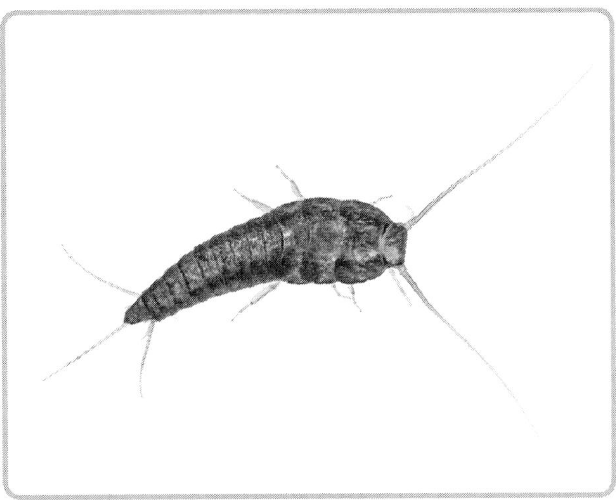

Silberfischchen (*Lepisma)*

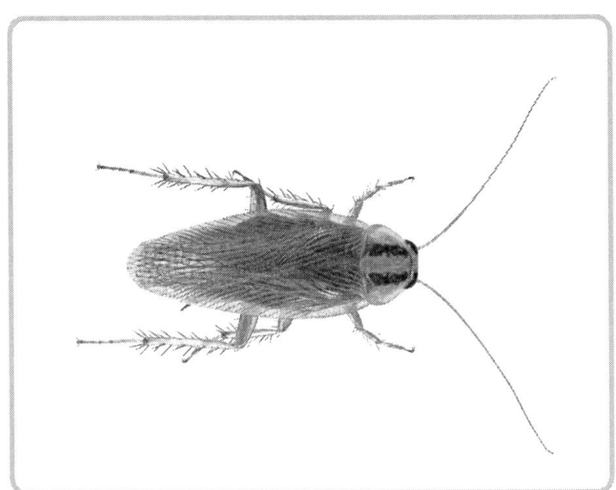

Schabe *(Blattella)*

Mein Weg zum eigenen Herbarium
Ein Leitfaden für die Schule – Bestell-Nr. 12 925

Pflanzen sammeln, bestimmen, pressen & trocknen

Nach dem Sammeln der Pflanzen solltest du sie noch am gleichen Tag bestimmen (zum Bestimmen gibt es spezielle Bestimmungsbücher) und für die Trocknung vorbereiten. Dazu brauchst du:

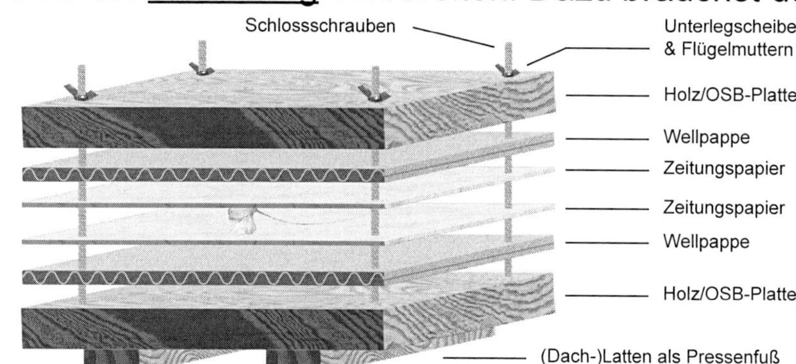

Material:

- Zeitungspapier
- Wellpappe
- Pflanzenpresse

So wird's gemacht:

1. Bereite die Pflanze vor. Sie sollte sauber und frisch sein.
2. Lege eine Lage Wellpappe vor dich auf den Tisch und darauf legst du eine Lage Zeitungspapier.
3. Auf das Zeitungspapier legst du deine Pflanze. Achte darauf, dass sie schön liegt, denn eine neue Anordnung *nach* dem Trocknen ist nicht mehr möglich! Achte darauf, dass alle Teile gut erkennbar sind. Nimm dir Zeit für diesen Arbeitsschritt, denn er ist entscheidend für die Qualität deines Herbariums!
4. Lege nun eine weitere Lage Zeitungspapier auf die Pflanze.
5. Nummeriere/Beschrifte das Material, sodass du auch nach dem Pressen noch weißt, welche Pflanze es ist. Verliere hier nicht den Überblick!
6. Lege nun eine weitere Lage Wellpappe oben drauf. Der Aufbau ist so wie in der Skizze dargestellt.
7. Auf diese Weise kannst du mehrere Pflanzenpakete aufeinander packen und dann alles gemeinsam pressen. Das spart Zeit.
8. Das Zeitungspapier solltest du täglich wechseln. Nach etwa 3 bis 5 Tagen in der Presse sind die Pflanzen bereit für dein Herbarium.

So lege ich mein Herbarium an

Als Herbarium oder Herbar (von lateinisch *herba* = Kraut) bezeichnet man eine Sammlung getrockneter Pflanzen oder Pflanzenteile. Nach dem Bestimmen und Trocknen der gesammelten Pflanzen kannst du sie in dein Herbarium aufnehmen. Dazu brauchst du:

Material:

- einen Herbarbogen pro Pflanze;
- einen Stift, Schere und Kleber;
- Klebestreifen/Papierbogen oder Briefumschläge;
- eine Klarsichthülle pro Pflanze;
- einen großen Ringbuchordner

So wird's gemacht:

1. Beschrifte den Herbarbogen. Trage dazu deine gesammelten Informationen passend ein.
2. Lege nun das getrocknete Pflanzenmaterial auf dem Herbarbogen aus.
3. Nun musst du das Material mit Klebestreifen fixieren. Dazu kannst du etwas stärkeres Papier in Streifen schneiden und über das Material legen. Klebe den Streifen so fest, dass sich eine Lasche bildet (siehe Skizze unten) und die Pflanze selbst nicht mit dem Kleber in Berührung kommt. Es ist wichtig, dass du die Pflanze jederzeit wieder aus der Fixierung lösen kannst.
4. Alternativ dazu kannst du dein Material auch vorsichtig in einen Briefumschlag einlegen und diesen auf den Herbarbogen aufkleben.
5. Schiebe nun den fertigen Herbarbogen in eine Klarsichtfolie und hefte ihn in deinen Herbarordner.

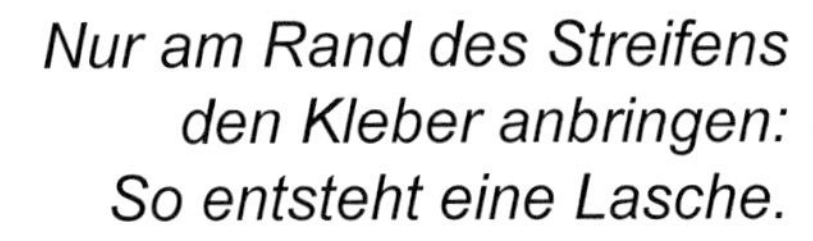

Nur am Rand des Streifens den Kleber anbringen: So entsteht eine Lasche.

Mein Herbarium
NAME: ___
KLASSE: ___
JAHR: ___
Lernen mit Erfolg
KOHL VERLAG

Regeln beim Sammeln von Pflanzen

1 Wir sammeln keine geschützten oder gefährdeten Pflanzen!

2 Wir sammeln nicht in Naturschutzgebieten, in schützenswerten Biotopen, an gefährlichen Stellen oder in privaten Gärten!

3 Manche Pflanzen sind giftig oder können nesseln. Wir sind daher bei der Suche sehr aufmerksam und fragen im Zweifel bei der Lehrperson nach.

4 Wir sammeln keine Pflanzen, von denen nur sehr wenige Exemplare an dem Standort vorkommen!

5 Wir sammeln keine Pflanzen, die von jemandem angebaut oder angepflanzt wurden!

6 Wir gehen sorgsam mit der Umwelt um, trampeln nicht unnötig Pflanzen kaputt, stören keine Tiere vor Ort und lassen keinen Müll zurück!

Mein Weg zum eigenen Herbarium
Ein Leitfaden für die Schule – Bestell-Nr. 12 925
KOHL VERLAG

Name:

Botanischer Name: ______________________________

Pflanzenfamilie: ______________________________

Biotopbeschreibung: ______________________________

____

Funddatum & Fundort:

Gesammelt von:

Mein Weg zum eigenen Herbarium
Ein Leitfaden für die Schule – Bestell-Nr. 12 925

Name: Gemeine Akelie

Und so könnte einer deiner Herbarbögen aussehen!

Botanischer Name: Aquilegia vulgaris

Pflanzenfamilie: Hahnenfußgewächse (Ranunculaceae)

Biotopbeschreibung: Saumbereich von Mischwald zu Wiese

Funddatum & Fundort:

29.05.2022, Stadtwald Renchen
48° 34' 44'' N, 8° 2' 59'' O
ca. 170 m ü. NN.

Gesammelt von:

Stefan Lamm